Nome: Elisa

Soprannome: Ellie o Eli

Capelli: neri lunghi e lucidi (Elli è davvero bellissima!)

Occhi: marroni

Fratelli e sorelle: Cinzia detta Cì (sei anni)

Animale preferito: farfalla (ha dei colori così belli...)

Cibo preferito: le piace tutto ma i muffin sono il suo dolce preferito

Colore preferito: rosa

Materia preferita: italiano

Pregi: è molto brava a scuola, è dolcissima e sa ascoltare

Difetti: passa ore in bagno a truccarsi... e alla fine è sempre in ritardo

Jessi

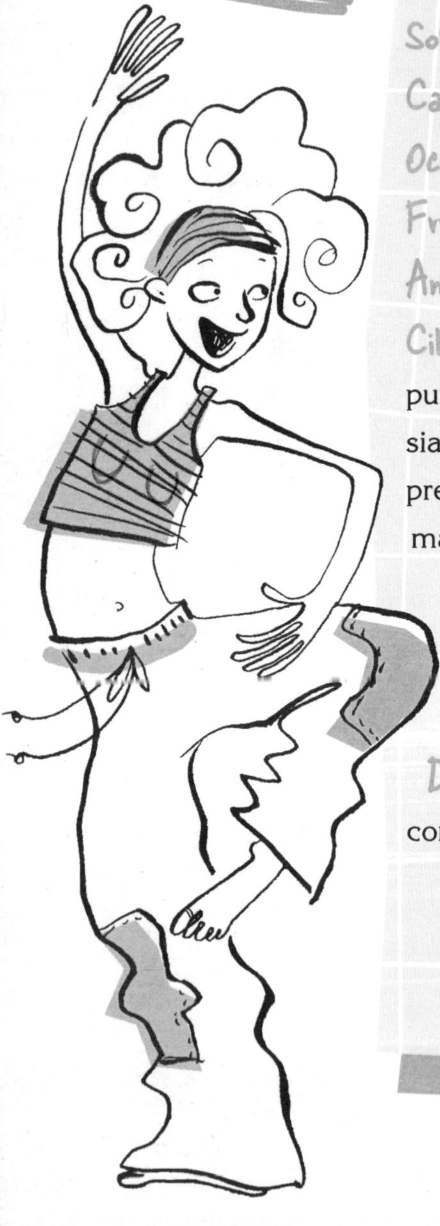

Nome: Jessica

Soprannome: Jessi, Gege, Jecca

Capelli: bruni lunghi e ricci

Occhi: castani

Fratelli e sorelle: è figlia unica

Animale preferito: ghepardo

Cibo preferito: le piace tutto, purché faccia bene alla salute e sia pieno di vitamine! Il suo dolce preferito è la cheesecake (la sua mamma è americana…)

Colore preferito: blu

Materia preferita: inglese

Pregi: è vivace e allegra

Difetti: esagera un po' troppo con la palestra

Tati

Nome: Tatiana

Soprannome: Tati

Capelli: biondissimi (anche se è equadoregna)

Occhi: azzurri

Fratelli e sorelle: Julius o Giulio (diciassette anni) e Majelin (appena nata)

Animale preferito: gatto

Cibo preferito: tutti i dolci

Colore preferito: giallo

Materia preferita: educazione fisica

Pregi: è più buona del pane e, a differenza di Elisa, è puntualissima

Difetti: a volte è fin troppo tranquilla!

Io

Nome:

Soprannome:

Capelli:

Occhi:

Fratelli e sorelle:

Animale preferito:

Cibo preferito:

Colore preferito:

Materia preferita:

Pregi:

Difetti:

Incolla qui
la tua foto

Firma ______________________

La mia superamica del cuore

Nome:

Soprannome:

Capelli:

Occhi:

Fratelli e sorelle:

Animale preferito:

Cibo preferito:

Colore preferito:

Materia preferita:

Pregi:

Difetti:

Incolla qui
la foto della tua
superamica del cuore

Firma ____________________

Editing e redazione: Clare Stringer
Progetto grafico: Laura Zuccotti

I Edizione 2004

15033 Casale Monferrato (AL) - Via del Carmine, 5
Tel. 0142/3361 - Telefax 0142/74223
www.edizpiemme.it

Stampa: G. Canale & C. SpA - Borgaro Torinese (TO)

Elena Mora

Aiuto! Papà e mamma si separano

illustrazioni di

Sara Not

PIEMME
Junior

A Elisa, Jessica,
Tatiana e a tutte
le ragazze

Mi ha svegliato uno strano rumore

Mi ha svegliato uno strano rumore.

Poi ho sentito il freddo. Solo dopo mi sono accorta di avere un mal di testa terribile.

E quel suono strano, insistente come il ticchettio della grandine d'estate sul terrazzo... quel ta-ta-ta-ta che rimbombava nella mia povera testa... erano i miei denti che battevano!

– Mammaaaaaa!

Avete mai fatto caso che se di notte qualcuno fa un rumore anche forte, voi continuate a dormire, mentre se qualcuno gira la chiave nella serratura vi svegliate di colpo?

Beh, evidentemente le mamme devono avere una specie di sistema d'allarme in testa, molto, molto speciale...

Già, perché la mia, che dormiva profondamente al piano di sotto, trenta secondi dopo il mio urlo era accanto al mio letto.

La mia voce, evidentemente, fa parte di quel genere di suoni capace di svegliarla immediatamente.

– Pulciotto, che cosa c'è?

Normalmente alla parola "pulciotto" io, che ho dodici anni, mi allontano dalla stanza e, se possibile, dal quartiere. Ma questa volta non ero in grado nemmeno di alzare la testa dal cuscino. E, confesso, avere qualcuno che mi dicesse una cosa cucciolosa mi sembrava proprio quello che ci voleva.

Ah, che meraviglia!

La mano fresca della mamma sulla fronte...

– S-senti anche tu questo rumore strano? Ascolta! Sono i miei denti che b-b-battono... Che cosa mi sta s-succedendo?

– I tuoi denti, pulci, battono perché sei malata. Come scotti, devi avere almeno quaranta di febbre! Adesso la proviamo. Vado a prendere il termometro.

– Non andare via!

– Ma torno subito, subitiss... YAHWN!

E con un gigantesco, sonoro sbadiglio, si avvia verso la scala.

Ora, non crediate nemmeno per un momento che io sia una mammona, come potrebbe sembrare da queste poche righe... provate voi a svegliarvi con la febbre a quaranta e i denti che battono, e vediamo se non vi viene voglia di chiamare la mamma, qualunque sia la vostra età!

Un attimo dopo (che a me è sembrato un secolo), la mamma era di ritorno con una borsa del ghiaccio che mi ha subito appoggiato sulla testa e un termometro ipertecnologico con cui mi ha stampato una luce rossa in fronte.

– Accidenti come sei calda! Quaranta e mezzo! Potremmo fare un bel barbecue sulla tua schiena. Intanto prendi questa! –. E mi ha dato una pastiglia GIGANTESCA, seguita da un bicchierone colmo d'acqua. – Va meglio?

– No, ma non andare via...

Dovete sapere che la mia mamma come mamma "mammosa" non è proprio un gran che.

Certo, è una pubblicitaria di successo, una donna molto divertente che dice sempre le battute giuste al momento giusto, tutti la adorano... ma io forse avrei preferito una mamma un po' più... un po' meno... Beh, su questo argomento ho le idee poco chiare anche quando non ho la febbre, figuriamoci quando la mia temperatura corporea è a quaranta gradi, certificati dal termometro più moderno e preciso che esista sulla terra!

Non ho un ricordo molto chiaro di quello che è successo durante il giorno.

Ho dormito.

Ho visto mia mamma.

Ho dormito.

Ho visto il medico.

Ho dormito.

Sono quasi certa che mi abbiano fatto ingurgitare pillole e pilloline di ogni genere, compresi gli zuccherini omeopatici che da piccola mi piacevano tanto.

Ho ripreso conoscenza

Ho ripreso conoscenza verso l'ora di cena.

Non avevo la più pallida idea di quanto tempo avessi passato a letto.

Da sotto arrivava il chiasso consueto. Pao e Mau, i miei due fratellini, dovevano aver avuto l'ordine di non disturbarmi, ma la loro capacità di stare zitti e buoni è molto, MOOOLTO limitata! Qualcuno stava spignattando in cucina e qualcun altro stava salendo le scale verso la mia stanza parlando al telefono.

– Non ti preoccupare, ora sta decisamente meglio. Se è sveglia te la passo. Pulci, è Ellie: vuoi parlarle o la richiami?

Confesso: potrei avere anche quarantacinque di febbre, ma non ci penserei proprio a non rispondere al telefono se dall'altra parte c'è Ellie!

Ellie sta per Elisa, la migliore delle mie migliori amiche. Il che, se non vi dispiace, non è affatto poco, dato che le mie amiche sono fantastiche, straordinarie, SUPER!

Io ed Ellie diciamo che siamo quasi due sorelle, visto che non solo siamo nate a pochi giorni di distanza, ma le nostre mamme hanno addirittura frequentato lo stesso corso pre parto: quando si dice il destino!

Già, dimenticavo: io mio chiamo Clara, ho dodici anni, vivo a Milano con mia mamma, mio papà, i miei due fratelli Paolo e Maurizio, che hanno sette e nove anni, e frequento la terza media. Non sono proprio una secchiona, ma riesco sempre a prendere dei bei voti: il trucchetto è stare molto, molto attenti in classe quando spiegano le cose. Una volta capite bene, il più è fatto! Provare per credere.

Oltre a Ellie, che è bruna, bellissima, con i capelli lunghi e lisci e gli occhi luminosi come stelle, le mie migliori amiche (qualcuna di voi le conosce già) sono Jessica detta Jessi, papà italiano e mamma americana, una gran massa di capelli ricci e la passione per la ginnastica, e Tatiana detta Tati, che è equadoregna e che è arrivata in Italia con la sua famiglia una decina di anni fa. Lei, però, non si ricorda quasi niente del suo paese: né c'è qualcosa in lei che lo faccia ricordare, visto che è bionda con due grandi occhi azzurri e potrebbe più facilmente essere scambiata per una svedese o una tedesca che per una sudamericana.

Frequentiamo tutte insieme l'ultimo anno delle medie in un istituto statale e... quest'anno dovremo affrontare l'esame! Purtroppo l'anno

prossimo ci dovremo dividere in scuole diverse... vabbè, tanto abitiamo tutte nello stesso quartiere, a pochi isolati di distanza l'una dall'altra, quindi spero che riusciremo a vederci lo stesso. Anzi, chissà quante cose avremo da raccontarci la sera! Non che ora ci manchino gli argomenti, anzi...

– Ciao Ellie, come va?

– Tu, piuttosto, come stai?

– Mi sento più o meno come uno stracchino lasciato nel frigo quindici giorni o uno zerbino spelacchiato, scegli tu.

Stanotte avevo più di quaranta di febbre: diglielo alla Luttazzi, che non ho cercato di saltare l'interrogazione di geografia, ma che stavo male davvero!

– Dai, secchiona, non metterti in testa idee strane! Lo sai che sei la cocca della Luttazzi e che non penserebbe mai che sei rimasta a casa per evitare un'interrogazione... – ha riso Elisa. – Comunque, non volevo disturbarti, ma ci sono grandi notizie, e non ho resistito.

– Notizie? Slurp! Che genere di notizie?

– Bene bene non lo so, ma Jessi ci ha invitate tutte da lei la prossima settimana. Dice che sua mamma deve dirci una cosa importante...

– Non sei riuscita a capire di cosa si tratta?

– Non ancora. Ci sto lavorando. Ma non è facile, perché Jessica ha una faccia che non mi piace per niente e quando provo a chiederle qualcosa fa quello sguardo... hai presente quando piega la testa da una parte e ti guarda storto? Ecco, quello!

– Ellie, ora ti devo lasciare, perché anche la faccia di mia mamma sta diventando sempre più scura... E a dire il vero non mi sento ancora troppo bene. Ci sentiamo domani.

Il tempo di ridare alla mamma il cordless, ingurgitare la spremuta appena fatta (che buona!) e sono ripiombata in un sonno profondo.

Sai che ti serve?

– Sai che ti serve? Una bella doccia!

La doccia... Questa è proprio una delle fisse di mia mamma.

Sono stata a letto per due giorni, ho sudato per la febbre, mi sento ancora un po' debole e malaticcia... e secondo la mamma una bella doccia calda a questo punto è un vero toccasana. È una delle sue più profonde convinzioni: «Lava via la malattia».

D'altra parte con lei bisogna avere pazienza, perché con il suo lavoro si è abituata a ragionare in termini di slogan. E siccome dice che basta ripetere una cosa all'infinito perché diventi vera, lei dev'esserselo ripetuto tante di quelle volte che se ne è convinta da sola. In ogni caso, mi sento troppo debole per controbattere e a dire il vero puzzicchio anche un po', così accetto di scendere in bagno e di buttarmi sotto la doccia.

Dopo un po' (che abbia ragione la mamma?) il getto dell'acqua calda sembra lavare via il mio malumore e mi trovo a canticchiare, in mezzo a mille bolle di schiuma profumate di cioccolato... Tranquilli, non ho le allucinazioni! È soltanto il bagno schiuma al cacao che mi ha regalato Ellie per Natale.

Un po' di balsamo alla vaniglia sui capelli, ed esco dal bagno lasciando una scia profumata degna di una sontuosa pasticceria.

Ma che giorno è oggi?

Se mi sono ammalata giovedì, e venerdì e sabato sono stata a letto, dev'essere domenica. Ecco perché la mamma è a casa dopo le dieci di mattina. Ma dove sono finiti tutti gli altri? Già. Lita, la ragazza che ci aiuta in casa, ha il suo giorno libero e papà dev'essere andato a giocare a calcetto come tutte le domeniche mattina. Ma i miei fratelli?

Perché quando ci sono rompono, ma quando non ci sono mi mancano!

– Buongiorno, mamma. Dove sono Pao e Mau?

Entro in cucina, e la mamma, che non mi ha sentito arrivare, fa un balzo e per poco rovescia la teglia che sta togliendo dal forno.

Il profumino di cioccolato e vaniglia fa concorrenza al mio: e la crosticina scura che spunta dalla tortiera è quella della torta di pane, una delle mie preferite.

La mamma la appoggia sul ripiano e inforna una teglia piena di... biscotti al cioccolato!

– Grazie mamma! Posso prenderne una fetta subito o devo aspettare che si raffreddi?

– Mangiala, mangiala. Solo un attimo che la tolgo dalla teglia e te la taglio. In questi giorni non sei riuscita a mandare giù quasi nulla. Questa, almeno, è bella nutriente. In frigo ci sono la spremuta e i budini: li ho messi un'ora fa, quindi dovrebbero essere pronti. Pao e Mau sono stati invitati al lago da Antonio, il compagno di scuola di Paolo che festeggia il suo compleanno. Un papà che ha una macchina con nove posti ha caricato tutti gli invitati e li riporterà a casa stasera. Poveretto! Se penso a tutto il chiasso che faranno... Quando hai finito di mangiare la torta chiama Ellie, che ti ha cercato mentre dormivi. Ha detto che voleva passare oggi a portarti i compiti: se vuoi puoi invitarla a pranzo, visto che siamo solo noi due e io ho esagerato un po' con il roastbeef.

Ora, la mamma lavora praticamente sempre: esce di casa la mattina e torna la sera per cena.

Normale, direte voi.

Niente affatto.

Perché per esempio Ilaria, la mamma di Elisa, per stare con le sue figlie (Ellie ha una sorellina pestifera, Cinzia, che ha iniziato quest'anno le elementari) ha accettato di lavorare part-time, cioè solo la mattina fino alle due del pomeriggio.

Comunque, quasi per rimediare al fatto che sta sempre fuori casa, quando è libera dai suoi tremila impegni di lavoro, mia mamma viene presa da improvvisi attacchi di casalinghitudine. E, poiché è assolutamente negata per qualunque lavoro domestico che non sia la cucina, si butta a pesce sui fornelli. Niente da dire sulla qualità delle sue ricette... ma fa un po' di confusione sulla quantità. Cuoce due chili di ragù alla bolognese; sforna due torte per volta; riempie teglie giganti di biscotti; prepara pasta al forno per dodici o arrosto per quindici persone.

In ogni caso, se qualcuno, qualunque sia il motivo, mi chiede di telefonare a Ellie, non me lo faccio ripetere due volte.

– Ciao, Ellina, come ti va? Ti interessa una porzione gigantesca di roastbeef quasi dietetico? Oggi la mia casa è ZEN: Zero Estranei Nocivi!

– Ok, ho capito. Tua mamma si è messa a cucinare? Figurati se mi perdo le prelibatezze che ha preparato. Va bene se vengo all'una?

– Perfetto. Ah, Ellie, mi raccomando: NON portare il dolce!

Matematica, latino, geografia...

Matematica, latino, geografia... a dire il vero abbiamo mangiato un po' troppo per riuscire a concentrarci sui compiti. In più, la mamma ha convinto papà ad accompagnarla in un supermercato aperto anche di domenica, perché secondo lei «in casa non c'è più niente nel frigo». Per forza, ha cucinato tutto il possibile! Quindi, calcolando il tempo necessario per andare al super, riempire due carrelli di spesa, caricare tutto sulla macchina e poi sull'ascensore, abbiamo davanti a noi almeno due ore di pace assoluta.

– E quella storia di Jessica? Hai più saputo niente? – chiedo a Elisa.

– Quasi mi dimenticavo: è per martedì pomeriggio. Siamo invitate noi due e Tatiana. C'è aria di grandi notizie... – risponde lei tutto d'un fiato. – Jessi comunque mi preoccupa: ha un'aria! Mi sa che non si tratta di niente di buono. In ogni caso la Luttazzi deve già sapere qualcosa, perché ha iniziato a trattare Jessi come se... come se... insomma, come se avesse una malattia grave.

– Ma lei sta bene, no?

– Sì, credo di sì. Almeno, a me non sembra malata. Magari è un po' giù di morale. Ma sai com'è fatta: vuole fare la dura a tutti i costi.

– E Tati che cosa dice?

– Sai, Tatiana è imperturbabile... E poi è troppo impegnata con la sorellina. Adesso che Majelin ha iniziato a camminare, Tati non fa altro che girare per casa e per il quartiere tenendola per mano. Devi vedere come è buffa! Quando trova un gradino si ferma, si guarda i piedi, decide quale alzare, supera il gradino e poi guarda in alto con un'aria soddisfatta e orgogliosa. Viene quasi voglia di farle un applauso! E dovresti sentire come parla: è un misto di italiano e spagnolo che fa proprio ridere. Devi sentirla quando saluta dicendo «Ciao» e subito dopo «Hola»!

– Che tenera! Anche se la povera Tati non ha più un minuto libero. Altre novità a scuola?

– Il solito. I prof iniziano già a rompere con l'esame.

– Uffa! Ma hanno detto quando si farà esattamente?

– Non ancora. Appena finita la scuola ci saranno gli scritti, ma per gli orali verrà estratta a sorte una lettera e verremo interrogati a partire da quella.

– La mia mamma dice di non preoccuparci, che non è nulla. Certo che a me piacerebbe uscire con un bel voto... – sospiro. – Accidenti, Ellie, sono già le cinque e mezzo! C'è *Lizzie McGuire,* ti va di vedere un po' di Tv?

Lizzie McGuire è il mio (anzi, il nostro) telefilm preferito. Lizzie è una ragazzina che ha la nostra età, una mamma più squinternata della mia (il che, credetemi, è tutto dire), e un "doppio" in cartone animato che si mostra sullo schermo tutte le volte che lei pensa qualcosa che non dice. Ci fa ridere. Poi c'è anche il sito, che è bellissimo e tutto in lingua originale: così se le mamme protestano quando andiamo in

Internet possiamo dire che facciamo un po' di esercizio di inglese.

Quando il telefilm è finito ci accorgiamo che il tempo fuori è decisamente cambiato: il sole se ne è andato, il cielo è diventato scurissimo e lontano sta tuonando. Dalla mia stanza, che è una specie di serra-veranda in mezzo alla terrazza collegata con una ripida scala all'appartamento di sotto, lo spettacolo è fantastico.

Nuvoloni neri corrono nel cielo e lampi si scaricano all'improvviso a terra. Per fortuna che mio papà, che è un ingegnere maniaco della sicurezza in casa, ha fatto installare un sofisticatissimo aggeggio antifulmini. Poi ha piazzato ovunque estintori per gli incendi e telecamerine antifurto... Ve l'ho detto che è fissato!

La mia stanza è il mio rifugio, sono riuscita a ottenerla dopo lunghe trattative e ne sono molto orgogliosa: quando è primavera, poi, mi sembra proprio di stare in una giungla!

Giungla purtroppo dotata di citofono, che improvvisamente squilla tre volte: è la mamma che vuole farsi aprire.

– Clara, sono io! Papà sta già salendo con

ARGH
grrrr

Pao e Mau. Sono tornati prima, perché il tempo era bruttissimo.

Accidenti! Saluto Elisa, che ha deciso di correre a casa prima di prendersi l'acquazzone. Aspettiamo insieme davanti all'ascensore, che, quasi come una gigantesca, magica borsa di Mary Poppins, scarica, nell'ordine: mio fratello Mau con uno zaino extralarge; mio fratello Pao con il materassino gonfiabile che di solito usa in piscina; mio papà con quattro borse della spesa formato gigante e una borsa termica rigida genere minifrigo. Come facesse a stare tutto nel nostro ascensore, proprio non ne ho idea.

Quando papà ha finito di scaricare i figli, le borse e due dozzine di bottiglie di acqua minerale che erano nascoste in fondo, lo lasciamo a Elisa, che scende lentamente salutando con la mano dietro la porticina di vetro.

In casa Mau e Pao già litigano per il telecomando. Papà mi chiama per aiutarlo a sistemare la spesa.

Arrivederci Elisa, addio pace!

Martedì io, Ellie e Tati

Martedì io, Ellie e Tati ci troviamo sotto casa di Jessi qualche minuto prima delle quattro e mezza. Abbiamo tutte fretta di salire per sentire che cosa sta succedendo, ma nello stesso tempo ci sentiamo un po' spaventate. Non è mai successo prima d'ora che una delle nostre mamme ci convocasse "ufficialmente".

Ellie propone di andare a comprare del gelato da portare alla mamma di Jessi, e Tati si dichiara d'accordo: ma a me sembra solo un modo per ritardare ulteriormente il momento di salire.

Anna, la mamma di Jessi, non sarà famosa per le sue capacità culinarie, ma nel suo angolo cucina ipertecnologico ha un frigorifero gigantesco strapieno di surgelati di ogni genere. Che bisogno c'è del gelato?

Insomma, in qualche modo riesco a caricare le mie amiche sull'ascensore. Hanno delle facce... sembrano dei cucciolotti appena presi dal canile. Ma che cosa ci sta succedendo? Tre superamiche coraggiosissime hanno paura di incontrare una mamma superinnocua e anche divertente? Da quando?

La faccenda, comunque, dev'essere grave, perché Anna si è addirittura presa l'intero pomeriggio libero.

Infatti è lei che apre la porta e ci fa entrare con un sorriso. La casa di Jessi mi è sempre piaciuta un sacco: pavimenti di legno dappertutto, anche nei bagni, pareti piene di libri, divani bianchi che non resisterebbero un solo minuto all'assalto dei miei fratellini, un ordine impeccabile. Non ci sono muri, tranne che nelle stanze da letto e nei bagni. La cucina è a vista e in un angolo del soggiorno è allestita una specie di minipalestra: una macchina per correre, una per fare lo step e una specie di bicicletta senza ruote per pedalare.

Certo che alcuni adulti sono ben strani... prendono l'ascensore per fare pochi piani per poi mettersi a salire i gradini su una macchina; non montano su una bici da quando avevano dieci anni, ma pedalano instancabilmente sulle cyclette; prendono l'auto per fare dieci metri e poi macinano chilometri sui tapis roulant...

Mah!

Comunque, i nostri appartamenti sono solo a due condomini di distanza, ma sembra di essere lontani un milione di anni luce da casa mia! Fa caldo, le finestre sono spalancate e le tende bianche, leggere come ragnatele, si gonfiano con il vento. Un tavolo è pieno zeppo di cornici con le foto di famiglia, uno è completamente coperto da bicchieri di cristallo colorato e sfaccettato che, quando vengono toccati da un raggio di sole, disegnano sui muri tanti piccoli arcobaleni. Sembra quasi di essere in un acquario. Già, infatti c'è uno strano silenzio...

L'altra cosa strana è che Jessi non ci è venuta incontro insieme a sua mamma, e se ne sta rintanata nella sua stanza. Ellie aveva ragione: ieri e oggi, a scuola, aveva una faccia veramente scura.

Arriva con aria svogliata solo quando Anna

la chiama e si lascia sprofondare sull'angolo opposto del divano.

La cosa è veramente molto strana: di solito Jessi ci corre incontro, ci saluta, ci abbraccia.

Questa volta niente. Si gira una ciocca di capelli fra le mani, senza quasi guardarci.

Intanto Anna appoggia sul tavolino del salotto un grande vassoio di cristallo (che in casa nostra resisterebbe intero circa quarantacinque secondi) tutto ricoperto di pasticcini piccolissimi: cannoncini lunghi come il mio mignolo, crostatine di frutta con 1 lampone o 3 mirtilli, bignè non più grandi del quadrante di un orologio. Spettacolari!

Per qualche minuto ci buttiamo su queste squisitezze (sono la specialità di una pasticceria che si trova dall'altra parte di Milano, quindi è raro riuscire a gustarsele), fino a quando non ci accorgiamo che Jessi non ne ha toccata neanche una. Non è da lei.

Ci ricomponiamo in un attimo e ci stringiamo sul divano guardando madre e figlia con aria interrogativa.

Accidenti che facce scure! Stiamo per preoccuparci davvero quando Anna inizia a parlare: – Jessi mi ha chiesto di incontrarvi.

Ci guardiamo l'un l'altra, e guardiamo la nostra amica che se ne sta immobile, con gli occhi ostentatamente fissi su un vaso di gigli enormi in un angolo della stanza.

– Ho accettato perché so che siete le sue migliori amiche, e che lei ha bisogno di tutto il vostro aiuto. È un momento difficile della sua vita, così come è un momento molto difficile della mia. Forse il più difficile che ho attraversato finora.

Fa una pausa.

– Volete bere qualcosa?

Per avere sete abbiamo sete, dopo tutti quei pasticcini ingoiati uno dietro l'altro, ma anche se accettiamo volentieri i bicchieri di aranciata che ci versa, ci rimane come l'impressione che in realtà anche lei voglia solo ritardare un pochino quello che sta per dire. Proprio come Tati e Ellie prima di salire. Vuoi vedere che anche agli adulti, a volte, manca il coraggio?

Comunque Anna si riprende, guarda un attimo Jessi, si risistema sul divano con la schiena bella dritta e continua: – Come sapete, io sono una cittadina americana, anche se i miei genitori sono di origini italiane. Ho conosciuto Marco, il papà di Jessica, quando avevo diciotto anni. Ogni volta che qualcuno della nostra famiglia si diplomava, i nonni paterni e materni gli regalavano un viaggio nei nostri paesi d'origine: l'Italia e la Svizzera. Era un'usanza molto divertente e anche piuttosto semplice da organizzare, perché sia in Italia che in Svizzera avevamo dei cugini disposti a ospitarci, che si facevano in quattro per portarci a vedere i posti più belli e per prepararci i piatti più buoni. Così, quando è stato il mio turno mi sono innamorata dell'Italia prima ancora che di Marco. O forse contemporaneamente...

Sorride e si ferma. Cerca gli occhi di Jessica.

Ma lei continua a fissare i fiori come se dal vaso dovesse spuntare all'improvviso un ragno velenosissimo.

– Eravamo molto giovani. Troppo giovani. Troppo innamorati. Ci siamo sposati in America sei mesi dopo esserci conosciuti, quando Marco mi ha raggiunto a New York per una vacanza.

Fa una pausa, e prende da un tavolino una foto che era un po' nascosta dietro le altre. Ce la passa.

C'è lei, quasi irriconoscibile, con un lungo abito bianco che sembra uscito da un matrimonio di *Beautiful,* che balla con il papà di Jessi in mezzo a una nuvola di bolle di sapone. Anche lui è buffo: ha la barba bionda, i capelli lunghi e un'aria da personaggio di un film western. Ci fa quasi ridere: i due della foto non assomigliano per niente ai genitori di Jessica come li conosciamo, sempre con vestiti eleganti e valigette ventiquattrore in mano.

Ma non ci sembra proprio il caso di commentare.

Jessi continua a starsene immobile sul suo angolo di divano.

Anna riprende a parlare.

– I nostri genitori pensavano che fosse una follia e si sono arrabbiati tantissimo. Ma si sono dovuti rassegnare: io e Marco siamo sempre stati due testoni! Poi è nata nostra figlia, la cosa più bella che mi sia capitata.

È il riflesso della luce o ci sono due lacrimoni negli occhi di Jessi?

– Siamo stati molto felici. Ma gli anni sono passati... Marco ha fatto carriera, è diventato il manager di un'impresa che dà lavoro a tante persone, e ha grosse responsabilità che gli pesano sulle spalle. La mia banca, nel frattempo, mi ha dato incarichi sempre più importanti... e a questo punto mi chiede di tornare a New York per un periodo piuttosto lungo.

Viene interrotta dal suono del citofono.

Si scusa, si alza.

Va a rispondere, apre il portone.

Noi ci guardiamo di sottecchi: sarà questo l'annuncio importante?

Che deve tornare negli Stati Uniti?

E di Jessi che cosa ne sarà?

Dovrà andare anche lei?

Ma noi come facciamo se Jessica se ne va?

– Marco sta arrivando. Lo aspettavo per dirvi quello per cui vi ho chiamate.

Guardiamo Jessica, che è sempre immobile.

Ma accidenti, si può sapere che cosa ci devono dire?

La porta si spalanca

La porta si spalanca e la folata di vento fa gonfiare tutte le tende come le vele di una nave. Jessi sembra riscuotersi dal suo torpore, si alza e va verso il padre.

Lui saluta, appoggia la borsa, si toglie la giacca e va in bagno a rinfrescarsi. È solo aprile, ma fa un caldo pazzesco. Quando torna va a sedersi sul bracciolo del divano accanto a Jessi.

Ma ostenta un'aria un po' troppo tranquilla.

– Ok, ragazze: dove siete arrivate?

– Non è una storia a puntate. Aspettavo te –. Dal tono di voce non si capisce se la mamma di Jessi è più arrabbiata o dispiaciuta. In ogni caso continua: – Eccoci, comunque. Come vi dicevo, la mia banca mi ha chiesto di trasferirmi a New York per un po'. Ci ho pensato a lungo, prima di dare una risposta. E alla fine ho deciso di andare. Ma questo non è il problema più grave. Il problema è che... a volte i matrimoni finiscono. Perché, a volte, gli amori finiscono. Quando ci si sposa giovani come noi ci si trova, dopo tanti anni, a vivere con una persona che è completamente diversa da quella che abbiamo conosciuto tanti anni prima. Non è colpa di nessuno. Succede. Non si smette di volersi bene. Soprattutto, e questo vorrei che fosse chiarissimo, non si smette mai di voler bene ai propri figli. È un discorso troppo da grandi?

Scuotiamo tutte la testa in silenzio, come tanti cagnolini sul cruscotto di un'auto.

– Sapevo di poter contare su di voi, sulla vostra maturità, sulla vostra capacità di capire. Ma ho chiesto comunque a Marco di essere presente per poter rispondere alle vostre domande. Da un punto di vista legale la cosa è molto semplice. Poiché io sono una cittadina americana e ho sposato uno straniero negli Stati Uniti, per ottenere il divorzio per lo stato di New York è sufficiente che io torni a vivere là da sola per un anno. Questo è quello che ho deciso di fare.

Accidenti, povera Jessi! Che ne sarà di lei?

Cerchiamo i suoi occhi, ma lei evita il nostro sguardo. Anna beve un sorso d'acqua e continua: – Ma non crediate che sia una decisione che abbiamo preso alla leggera. Ci pensiamo da tanto tempo. Abbiamo anche incontrato dei consulenti matrimoniali, che ci hanno dato dei consigli per cercare di recuperare la situazione. Ci abbiamo provato, ma non è stato possibile.

Nel frattempo il papà di Jessica le ha messo un braccio sulle spalle e lei gli si è appoggiata contro come un cucciolotto spaventato.

Noi ci guardiamo: ecco perché aveva quella faccia: altro che malata... Accidenti, la sua famiglia sta andando a pezzi!

Come se avesse potuto ascoltare i nostri pensieri, la mamma di Jessi continua. – Jessica potrà contare su tutta la sua famiglia e sul nostro amore. Per ora deve stare qui ancora qualche mese, per finire la terza media e per fare gli esami. Poi potrà venire a New York con me per tutta l'estate, conoscere il paese, frequentare un *summer camp,* un "campo estivo", e visitare alcune scuole. Avrà tutto il tempo per decidere se rimanere in Italia con Marco o frequentare un liceo in America. Non c'è fretta. Sto cercando una casa a Long Island, in una zona dove ci sono anche molti italiani, in modo che per lei il cambiamento sia il meno traumatico possibile. In ogni caso, Jessica si è abituata fin da piccola al fatto che sono spesso in viaggio. In quei casi ci siamo sempre tenute in contatto con il telefono e via e-mail. Sa che non smetto mai di pensare a lei e di preoccuparmi per lei, anche e soprattutto quando non siamo insieme. In un primo tempo si tratterà soltanto di un periodo di lontananza un po' più lungo del solito. Marco?

A dire il vero non ci sembra che il papà di Jessi scoppi dalla voglia di intervenire.

Ci guarda, guarda la figlia, sembra annaspare alla ricerca delle parole giuste.

– Non c'è molto da aggiungere – dice alla fine.

Si capisce benissimo, dal suo tono di voce, che dev'essere molto bravo a fare discorsi ai grandi, nelle riunioni importanti, quando deve parlare di soldi e progetti. Ma la cosa buffa è che sembra molto, molto a disagio nel parlare con noi e nel doverci spiegare una cosa così importante per sua figlia.

Fa un respiro profondo e continua.

– Io e Anna abbiamo provato in ogni modo a far funzionare la nostra vita insieme. Per noi e per Jessica. Ma io credo che sia meglio continuare a volersi bene da lontano che stare vicini e litigare in continuazione. Volevamo dirvelo noi, insieme, prima che si sapesse in giro, prima che nascessero dei pettegolezzi. Per qualche mese Jessi rimarrà da sola con me, per cui qualche sera chiederò il vostro aiuto e quello dei vostri genitori, se dovrò lavorare fino a tardi. La mia cucina non è il massimo, per cui dovrete cercare di starle molto vicino...

Riusciamo a malapena a fare un sorriso poco convinto.

Avete presente quando nei film il buono

sembra essere in completa balia del cattivo e sembra non esserci più nessuna speranza, quando finalmente, con un colpo di genio, lo colpisce e riesce a sconfiggerlo? Beh, dopo se ne sta lì, immobile, sfinito, con l'aria sconvolta... Ecco, noi sembravamo un po' così, incapaci di parlare, cosa che, almeno per me ed Ellie, era veramente molto, molto strana! Anche se nei film di solito i genitori fanno pace e si allontanano nel tramonto mano nella mano... Ma questo non è un film.

Anna interviene a rompere il silenzio.

– Ok, ragazze. Questo era quello che dovevamo dirvi. Ora credo che abbiate bisogno di parlare tra di voi... Ho prenotato alla pizzeria qui sotto: le vostre mamme sono già d'accordo, le ho avvisate io. Tra un'ora Marco vi verrà a prendere per accompagnarvi a casa.

Pizzeria... Ma che ore sono?

Già, non ci siamo accorte che il tempo è scappato via, il sole non batte più sui bicchieri, e sono le sette passate. Prendiamo le nostre borse, salutiamo e saliamo in ascensore con Jessica.

Perché non ci hai detto niente?

– Perché non ci hai detto niente?

Non volevo assalire Jessi, ma una volta che ci siamo sedute in pizzeria in un angolo riparato e abbiamo ordinato le nostre pizze superclassiche (una margherita per Tati e Jessi, una pizza bianca per Ellie, una ai funghi per me) non riesco proprio a trattenermi.

– Perché... –. Il mento di Jessica trema pericolosamente, come se stesse per scoppiare a piangere. – Perché mi vergognavo!

– Ma sei fuori?!

Questa volta è Ellie ad aggredirla.

– Tu che cosa c'entri, perché ti dovresti vergognare? Potevi parlarcene invece, così magari ti saresti sfogata e noi ti avremmo consolata! Perché ti sei tenuta questa storia dentro per tutto questo tempo? Sai che le cose, quando si rimuginano e rimuginano da soli, diventano ancora più buie e preoccupanti di quanto non lo siano davvero? Sei proprio una patata! Da quanto tempo lo sai?

– Mia mamma me ne ha parlato due settimane fa. Ma io sapevo che le cose non funzionavano già da un sacco di tempo. Lei e papà discutevano sempre più spesso, si mettevano a litigare per qualunque sciocchezza, non erano mai d'accordo su niente. Se la mamma voleva andare in vacanza al mare, papà voleva andare in montagna; se lei pensava di stare a casa un fine settimana, lui decideva di andare a fare un giro.

– Ma non ti hanno mai detto niente?

– Cercavano di non litigare mai davanti a me, ma io li sentivo discutere ogni sera, dopo che ero andata a letto. Nell'ultimo periodo, dopo che hanno preso la decisione, la situazione è migliorata: ma nelle settimane precedenti in casa nostra c'era un'elettricità nell'aria che credo che avremmo potuto staccare la spina del frigorifero e del televisore, e quelli avrebbero continuato tranquillamente a funzionare! In fin dei conti quando me ne hanno parlato è stato un sollievo.

Non ne potevo più di vederli in quelle condizioni: quasi quasi non riuscivano più a stare insieme nella stessa stanza.

– Una volta ho visto un film in cui i genitori di due gemelle si separavano. Beh, per loro era una meraviglia: doppia casa, doppi vestiti, doppie vacanze, doppi regali…

– Ellie, la vita NON è mai come nei film!

– Beh, per un periodo, il peggior periodo degli ultimi sei mesi, – continua Jessi – mamma e papà hanno cercato disperatamente di accaparrarsi il mio appoggio, facendomi dei regali assurdi, litigando anche per questo e discutendo se concedermi o no le cose più bizzarre. Io ero davvero preoccupata: per un momento ho pensato che qualcuno dei due fosse gravemente malato. Poi ne ho parlato con la mamma e lei ha riconosciuto che loro due si stavano soltanto comportando come dei bambini. La cosa che mi fa venire il nervoso, da quando hanno siglato una specie di pace, è che se chiedo una cosa alla mamma, lei mi dice «chiedi a tuo padre», e quando vado da papà, lui mi dice «chiedi a tua madre».

– Beh, – interviene Ellie – questo lo fanno regolarmente anche i miei, anche se non credo proprio che vogliano separarsi!

– In effetti credo che sia stato un periodo molto difficile per loro, e che non sia ancora finito. Soprattutto per mio padre: la mamma, infatti, si butta sempre nelle cose e anche in questo caso ha finito per occuparsi di tutto. Ma poi, chissà... voi li riuscite a capire, i grandi?

Come se lo avessimo evocato, si materializza davanti a noi il papà di Jessica, con due ombrelloni giganti in mano.

– Pronte, ragazze? Ho già pagato il conto, vi accompagno a casa. Mentre voi eravate qui, fuori è venuto giù il diluvio. Ma ha quasi smesso, quindi possiamo andare a piedi. Jessi, tu vuoi venire con noi o sali a casa?

– Vengo con voi.

– Allora andiamo!

Così ci avviamo, mentre qualche gocciolone scende ancora dai davanzali e per strada qualche ramo caduto testimonia il nubifragio che si è scatenato mentre noi stavamo chiacchierando in pizzeria. Che aprile strano...

Quando apro la porta

Quando apro la porta di casa trovo quasi tutto buio. Solo la luce azzurra della televisione in soggiorno ballonzola sui muri. Pao e Mau stanno guardando la videocassetta di *Harry Potter e la Camera dei Segreti*. Sara, la nostra cagnolina, mi viene incontro scodinzolando. Loro non alzano gli occhi dal video.

La mamma preferisce che guardiamo le videocassette, dopo che sono state approvate da lei. Così non ci sorbiamo tutto quello che la Tv manda in onda. Certo, abbiamo il permesso di scegliere un programma che ci piace, ma per il resto home video a gogò. D'altra parte la mamma è fatta così, prendere o lasciare: se è convinta di qualche cosa non glielo levi dalla testa.

Ed è fermamente convinta che troppa televisione faccia male.

Lita si affaccia all'ingresso: – Tua mamma è al cinema e tuo padre al lavoro. Vuoi mangiare qualche cosa?

– No grazie, Lita, sono stata in pizzeria con Ellie, Jessi e Tati. Andrò a letto con un buon libro. Anzi, dovrei ripassare un po'... Buonanotte!

– BUONANOTTE! – gridano di rimando i miei fratelli senza voltarsi.

D'altra parte il platano picchiatore sta aggredendo Harry...

Vi assicuro che ho provato a ripassare la lezione di storia, ma proprio non ci sono riuscita. Mi tornavano in mente le parole di Anna e la faccia di Jessi quando diceva che si vergognava.

In fondo la capisco: per di più lei è figlia unica, e le deve essere sembrato colpa sua se i suoi genitori non vanno più d'accordo. Chissà come ci si sente in una situazione così...

Già, ma anche i miei a volte discutono...

Vabbè, è normale!

Tutti i genitori discutono, no?

Però anche domenica, quando papà è tornato dal supermercato sembrava proprio arrabbiato...

Che ore sono? Manca un quarto alle nove... Ok, posso ancora andare.

– Lita, vado a chiedere un consiglio di italiano a nonna Elide! –. E senza lasciarle il tempo di ribattere, suono il campanello della nostra vicina di pianerottolo.

Una signora gentile e intelligente, che è anche la nonna di una mia amica... Qualcuna di voi conosce già Agnese: a un certo punto le era venuta la fissa per la dieta, non mangiava più, ed era finita persino in ospedale. Ora per fortuna sta bene, ma si è trasferita a Roma, dove il padre ha ottenuto un lavoro importante, ed Elide è rimasta qui con il marito.

Sembra sempre molto contenta di vedermi. E a me piace da impazzire la sua pasta al forno e il suo modo di ragionare, tutto diverso dal mio. Parla a bassa voce, in tono tranquillo, come se sapesse quali sono le cose davvero importanti. Vabbè, direte voi, bella forza, è un adulto: già, ma da quanti adulti avete sentito dire cose veramente sensate?

– Posso entrare? Ti disturbo?

– Per niente! Lo sai che mi fa sempre piacere

vederti. Ma lascia pure il libro sul tavolo dell'ingresso, che tanto la tua faccia mi dice che non mi vuoi parlare dei compiti...

Ecco, quello che mi piace di nonna Elide è che capisce tutto al volo. Un po' come quando da piccola mangiavo la Nutella, me la spalmavo su tutta la faccia e poi mi stupivo che la mamma se ne accorgesse! Insomma, anche questa volta nonna Elide si accorge subito che qualcosa non va.

– Tu credi che i miei vadano d'accordo?

– Mi sembra proprio di sì: perché?

– Perché domenica papà era arrabbiato, stasera sono andati in due posti differenti e...

– E... – sorride Elide.

– E anche i genitori di Jessica si stanno separando!

Mi accorgo che sto per scoppiare a piangere come una mocciosa. E solo per un dubbio... Accidenti, chissà come dev'essersi sentita Jessi in questi mesi, mentre i suoi discutevano davvero!

Nonna Elide toglie dalla tasca del grembiule un fazzoletto bianco tutto orlato di pizzo e me lo porge: – Siediti, e soffiati il naso. La faccenda mi sembra proprio grave. Urge una chiacchierata tra donne – mi dice. – Amleto, sono qui in cucina con Clara: vuoi qualcosa da bere?

– No, grazie, cara, non ti disturbare – risponde lui dal soggiorno. – Ciao Clara! Scusa se non vengo di là, ma c'è *La grande storia,* il mio programma preferito...

– Prendo la vaschetta del gelato. Quando ci vuole, ci vuole – dichiara nonna Elide.

Il bello è che lì è permessa una cosa che in casa nostra è PROIBITISSIMA: mangiare il gelato direttamente dalla vaschetta.

Elide poi ne compra un tipo che già dal nome, *Triplo cioccolato,* uno si sente riconsolare. *Triplo cioccolato!* Chi l'ha inventato deve essere un genio.

Così ci sediamo al tavolo della cucina con due cucchiai e la vaschetta di gelato in mezzo, appoggiata (nonna Elide in fin dei conti è sempre nonna Elide) su uno degli immancabili tovaglioli di lino ricamati con le sue iniziali, e ci mettiamo a chiacchierare.

Dal soggiorno si sentono arrivare le musiche d'epoca del documentario di guerra.

Amleto, il marito di Elide, è un ammiraglio in pensione. Un signore buffo, allampanato, sempre dritto come se avesse mangiato una scopa. Ma molto, molto gentile e con un sacco di storie da raccontare ai miei fratelli: bombardamenti, siluri, ammutinamenti... robe da maschi, insomma.

Così, seduta tranquilla in cucina, tra una cucchiaiata di gelato e l'altra, racconto di Jessi, di sua mamma, di quello che sta succedendo.

Nonna Elide mi ascolta in silenzio, poi appoggia il suo cucchiaio su un piattino bianco. Solo in quel momento mi accorgo che alla parete della cucina è appeso un orologio a pendolo.

Tic Tac, Tic Tac.

Sembra dire: «Beh, e allora? Dov'è il problema?».

Elide segue il mio sguardo.

– Ti piace? Era già appeso nella casa di mio papà. Ha almeno due secoli. Ha attraversato due guerre mondiali e una decina di traslochi. Chissà quante ne ha viste! L'ho ritrovato da

TIC-TAC
TIC-TAC
TRIPLO CIOCCOLATO

poco, l'ho fatto restaurare e adesso funziona di nuovo. Il suo ticchettio mi tranquillizza. Sai, in quest'epoca e in questa città tutti sono sempre di corsa, sempre nervosi ed è come se con il suo "tic tac" mi dicesse di stare tranquilla, di non agitarmi, che c'è un tempo e una soluzione per tutto.

– Che buffo! È più o meno la stessa cosa che è venuta in mente a me!

– Comunque, torniamo al tuo problema: a me sembra che i tuoi genitori vadano assolutamente d'accordo. Certo, possono avere delle discussioni, come tutti del resto, e tua mamma ha un bel caratterino. Ma basta guardare come tuo papà se la mangia con gli occhi quando sono insieme per capire che non c'è nessun problema. Quanto a Jessica, i suoi genitori sono molto, molto coraggiosi.

– Coraggiosi? E perché?

– Sai quante famiglie decidono di rimanere insieme per la paura di dichiarare al mondo che il loro matrimonio è fallito? Oppure fanno finta di niente per il bene dei figli e continuano a litigare? In questo modo credono di fare il loro bene, mentre fanno il loro male. Quando mi sono sposata io le cose erano tutte diverse. Spesso i matrimoni erano combinati, per opportunità e denaro. Io sono stata **davvero fortunata** a trovare il mio Amleto. Perché se le cose andavano male, non si poteva fare nulla. Se le famiglie erano molto ricche e il matrimonio si rivelava un fallimento, i due vivevano in due posti diversi con qualche scusa (le terme e le cure per le donne, il lavoro per gli uomini) e si separavano di fatto. Ma per quelli più poveri, che tiravano a campare, non c'era nient'altro da fare che sopportare tutto. Anche se a volte proprio la miseria e le disgrazie univano di più.

Nonna Elide si alza, ritira la vaschetta di gelato nel freezer, mette le posate a bagno e appoggia sulla lavatrice i tovaglioli usati.

– Sei grande, ormai, quindi voglio farti una confidenza. **Sai tenere un segreto?**

Annuisco.

– Tu credi che il mio sia un buon matrimonio?

– Certo! Voi due tra le coppie che conosco siete quella che va più d'accordo!

– È vero. Io e Amleto non abbiamo mai litigato in quarant'anni di matrimonio... E sai perché, Clara?

– Perché vi volete bene?

– Certo. Ma quello che nessuno sa è che sia i miei genitori che quelli di Amleto hanno passato tutta la loro vita a discutere fra loro per qualunque cosa. Uso il termine "discutere", ma tu puoi capire che cosa intendo... Piatti che volavano, parole grosse, vere e proprie sceneggiate. Noi ci conoscevamo da sempre, le nostre famiglie erano molto amiche e affittavano tutti gli anni due ville al mare, una accanto all'altra. Quindi abbiamo avuto modo di frequentarci molto. Non potevamo non accorgerci di quello che succedeva. E abbiamo sofferto, e molto. Anche per questo siamo diventati amici: quando a casa di uno si discuteva troppo, noi scappavamo con qualche scusa in quella dell'altro. Ebbene, sia io che Amleto abbiamo deciso, e ce lo siamo detti chiaramente quando ci siamo fidanzati, che noi non avremmo mai fatto come loro. Abbiamo fatto un patto: ci siamo giurati che il nostro matrimonio sarebbe stato un'altra cosa e che non saremmo mai caduti nella trappola che aveva rovinato le loro vite.

– E ce l'avete fatta?

– Tu che cosa ne pensi?

– Beh, ragazze, vi siete finite tutto il gelato? – interviene Amleto.

– No, ma vedo che è finito il documentario. Che ore abbiamo fatto? – gli sorride Elide.

– Le dieci! D'accordo che quando due signore chiacchierano perdono la nozione del tempo, ma non è ora che questa madamigella vada a dormire?

– Ok, buonanotte! Accidenti, speriamo che la mamma non sia già tornata! E scusate il disturbo!

Mi precipito verso l'uscita. Anche se le nostre porte d'ingresso distano poco più di venti centimetri, loro stanno sempre sulla soglia ad aspettare che io sia entrata.

Quando mi volto per salutarli, vedo, in controluce, i profili di Elide e Amleto come due silouette ritagliate nel buio. Lui le tiene la mano sulla spalla, lei appoggia la testa su di lui. Sembrano proprio due che hanno un segreto... e adesso quel segreto lo conosco anch'io!

Sto salendo una scala

Sto salendo una scala, ma mi scivola un piede.

Cado, cado, e non riesco a vedere la fine dei gradini.

Sento la voce di Jessica che mi chiama dall'alto, ma non riesco a vedere neanche lei.

Cado, cado e mi spavento sempre di più.

Jessi mi chiama, mi chiama... «Claraaaaa, Claraaaaa!»

– Clara, che cosa c'è? Un brutto sogno? –. La mamma mi sveglia con un bacio. Impiego un attimo a calmare il brivido di paura. È come quella sensazione di cadere nel vuoto che certe volte si prova quando ci si sta per addormentare. Il nostro medico, che è anche un nostro amico, mi ha spiegato che è normale: quando il cervello sta per perdere il controllo

dei muscoli ma non ci si è ancora addormentati del tutto, può succedere che ci si senta precipitare. Oppure che i muscoli si contraggano da soli. Misteri!

Una cosa è certa: non devo aver dormito benissimo.

– Buongiorno, mamma. Che ore sono?

– Sono le sette, è ora di alzarsi per andare a scuola. Siccome papà deve andare all'aeroporto ed è di strada, se vuoi ti può dare un passaggio in macchina, perché diluvia. Così puoi stare a letto ancora un pochino.

– Ok. Chiamami tra sette minuti.

– Va bene. Ricordati che oggi mangiamo insieme in centro. Ti aspetto alla fermata del tram, poi andiamo al ristorante all'ultimo piano della Rinascente, perché devo fare delle commissioni. Te lo ricordavi?

– Sì, va bene... – borbotto. – Ma lasciami dormire ancora un po'...

Una delle cose che mi piacciono di più è starmene nel mio lettuccio al caldo mentre sento la pioggia che scroscia sul tetto.

Ma sette minuti passano così velocemente...

– Clara, alzati, è ora! Se scendi subito ti ho preparato la cioccolata calda.

– Ok, ok, sto arrivando!

Non è che adori alzarmi dal letto di corsa, ma quando bisogna alzarsi comunque, la cioccolata calda aiuta... eccome se aiuta! Pao e Mau per fortuna non solo mia, ma anche loro, sono ancora a letto (alle elementari le lezioni iniziano mezz'ora dopo) e quindi me ne posso stare seduta tranquilla davanti a papà che beve il suo tè con la faccia insonnolita e con un occhio aperto e uno semichiuso.

Fissa come ipnotizzato la Tv, sintonizzata, ovviamente, sulle previsioni del tempo. Sono sempre state la sua passione, e da quando c'è Internet e il canale satellitare in cui vanno in onda solo le previsioni del tempo di tutto il mondo, oltre ai telegiornali, in Tv non guarda quasi nient'altro. A che cosa gli serva poi sapere quanti gradi ci saranno nel pomeriggio in Arizona...

La mamma, nel frattempo, come suo solito gira per casa saltando su un piede solo mentre si allaccia una scarpa, beve il caffè, carica la lavastoviglie e si infila la giacca: tutto contemporaneamente. A volte penso che in gioventù debba aver frequentato una scuola per saltimbanchi.

– *Tempuràl à dla matìch, à ga pù né coa né fich.*

Guardo mio padre, che guarda fuori dalla finestra, dove scrosci d'acqua scendono come se qualcuno stesse rovesciando un gigantesco annaffiatoio proprio lì davanti.

– Che lingua è, **ostrogoto?** – gli chiedo.

– Buon giorno, patatina, ben svegliata! – borbotta lui.

Questo è tipico degli adulti! Veramente io ero sveglia. Era lui che era mezzo addormentato! Comunque...

– È un proverbio che usava sempre tua nonna: "Quando il temporale viene di mattina, non ha più né coda né fine". Insomma, dura tutto il giorno. E sai che cosa ti dico? Aveva proprio ragione.

– **Accidenti che buona notizia!** C'è altro?

– Sì, che con questo tempo devo prendere un aereo per Roma... Tornerò domani sera. Tu, mi raccomando, fai la brava e dai un'occhiata alla mamma e ai tuoi fratelli.

– Se non ci fossi io in questa casa! – sospiro.

Un attimo dopo salutiamo la mamma e ci buttiamo nel traffico di una mattina milanese di pioggia. Il caos assoluto! Il temporale ha fatto saltare la corrente, e senza elettricità non funzionano i semafori, mentre l'acqua scende così fitta che i tombini non riescono a smaltirla. Le auto lasciano una scia come se fossero dei motoscafi, e i pochi pedoni vengono inzuppati senza pietà. Al semaforo un vigile, seminascosto sotto un'enorme mantella cerata, cerca disperatamente di districare il nodo di automobili che si è formato. Non riuscendo ad avanzare, i guidatori fanno l'unica cosa che possono fare: suonano i clacson. Sembra di essere in un brutto film di fantascienza. Di quelli catastrofici. Davanti alla scuola le auto sono parcheggiate in quadrupla fila: evidentemente non sono l'unica ad aver trasgredito la nostra regola di non farsi mai accompagnare in macchina.

Saluto papà in tutta fretta, prima che la sua auto venga bloccata definitivamente da tutte le altre, evito lo schizzo di un gippone che tenta di liberarsi dall'ingorgo guadando una pozzanghera grande quanto un lago, e cerco di schivare i goccioloni correndo verso il portone della scuola. Salva!

Nell'atrio il pavimento è completamente bagnato, visto che tutti ci fermiamo lì, con gli ombrelli gocciolanti, a guardare la corsa matta di quelli che arrivano dopo di noi, mentre il calore evapora dai nostri corpi, formando intorno a noi delle nuvolette come quelle dei cartoni animati. Fino a quando squilla la campanella dell'inizio delle lezioni. Peccato!

Tutto sommato era divertente stare a guardare gli altri correre a zig zag, con gli ombrelli rovesciati per il vento, e le auto che cercano di districarsi in una specie di gigantesco autoscontro.

Che inizio di mattinata!

Com'è andata a scuola?

– Com'è andata a scuola?

– Bene.

– Voti?

– Nessuno, per fortuna.

– Come *per fortuna?*

– Vabbè, è un modo di dire. Erano assenti in cinque, e quindi la prof non ha né spiegato né interrogato.

– Beh, è stata intelligente, no?

Annuisco con aria poco convinta, mentre cerco di finire il pollo con patatine artisticamente presentato sul piatto del ristorante.

Davanti a me la mamma fa bricioline di pane, gira l'insalata con la forchetta, beve un sorso d'acqua.

Ora che ci penso, ha un'aria un po' strana.

Un campanellino d'allarme comincia a squillare in un angolo remoto del mio cervello...

– E tu? Tutto bene al lavoro?

– Normale...

– Papà ti ha chiamato quando è atterrato?

– Certo, sai che tuo padre in queste cose è molto attento. Non come me che mi dimentico sempre di tutto. A proposito...

– A proposito di che?

– È un modo di dire, no? Dicevo... Ormai sei cresciuta, stai diventando proprio grande e devo farti un discorso da donna a donna... Anche se a dire il vero non so proprio da dove cominciare.

Il campanellino d'allarme nella mia testa aumenta di volume.

– Sai, non ti ho voluto portare qui solo per chiacchierare tranquille senza maschiacci in giro...

DRIIIIN DRIIIIIIIIN!!!

Il campanellino d'allarme è diventato la sirena di un'autopompa dei vigili del fuoco. La forchetta carica di profumate patatine si ferma a metà fra il tavolo e la mia bocca.

– Che... che cosa vuoi dirmi? Tu e papà vi volete separare?

La faccia della mamma cambia espressione con la rapidità di un fulmine: incredula, stupita, spaventata. Alla fine si scioglie in una sonora risata delle sue, di quelle che normalmente, e anche in questo caso, fanno girare tutti i clienti del ristorante, o, come dice lei, fanno scappare tutti i gatti da una stanza.

– Ma che cosa ti viene in mente? Che cosa è successo ieri a casa di Jessi?

Finisce che le racconto tutto di Anna e Marco e di nonna Elide, mentre grossi lacrimoni mi scendono dagli occhi senza che io possa farci niente.

Il cameriere ci porta il dolce (la torta di mele dietetica della mamma e il mio gelato extralarge) insieme a un vassoio aggiuntivo di tovagliolini di carta.

Mi asciugo gli occhi, cercando di farmi notare il meno possibile, anche se il nostro tavolo sembra proprio essere diventato l'attrazione della mattinata.

– Ma pulci, l'unica cosa che ti volevo dire è che è ora che ti compri un reggiseno! E volevo che lo scegliessimo insieme: qui ce ne sono di bellissimi... – grida la mamma.

La guardo, poi abbasso gli occhi sulla mia maglietta.

In effetti non ha torto.

Da un po' di tempo le T-shirt mi stanno diventando sempre più strette... Tipico di mia mamma, comunque, quello di scegliere il posto meno adatto per quelle che lei chiama "comunicazioni di servizio". La prossima volta le suggerirò di pubblicare un annuncio sul giornale, alle pagine milanesi: così dovrebbe accorgersene qualche decina di persone in meno!

Comunque, prima che io possa reagire, mi trovo catapultata in un intero piano dedicato alla biancheria intima femminile, con manichini avvolti in volant "rosa barbie", scaffali su cui sono allineate affusolate gambe femminili avvolte in calze di ogni colore e fantasia ed espositori di metallo a cui sono agganciati aggeggi complicatissimi che normalmente vengono chiamati reggiseni.

Modelli disponibili (e non sto esagerando, anzi, sicuramente me ne dimentico qualcuno):

- con spalline e senza spalline
- con laccetti di caucciù trasparente
- col ferretto e senza ferretto
- imbottitura media o super, fissa o mobile
- bianco o nero
- verde acido, rosa fucsia o a pois
- a fiorellini o farfalline
- di seta, di raso, di pizzo
- di cotone traspirante
- di tulle trasparente
- a balconcino, a push up
- il modello speciale per fare sport
- quello che aumenta di due taglie
- quello che diminuisce di due taglie

Ma lì in mezzo ci sarà una misura giusta?!

Già, ma questo è niente

Già, ma questo è niente. Il bello viene quando comincio a leggere le etichette per cercare di trovare la taglia giusta.

Ci sono reggiseni per tutti i gusti, piccoli come francobolli e grossi come un casco da moto...

Vi aspettereste quindi di trovare un cartellino con su scritto "misura 1, 2 o 3"? ERRORE!!!

Sulle etichette c'è scritta la marca, ovvero l'unica cosa comprensibile, sempre che non sia in una lingua straniera, e poi la misura...

Per esempio:

2, Eur 75, F 85, D 75, E 84, UK 34, Usa 34, B.

Attenti a non equivocare! Queste NON sono le scritte di diverse etichette, ma è quanto riportato in neretto sulla targhetta di 1 solo cartellino di 1 unico modello di 1 singolo reggiseno.

Secondo voi chi riuscirebbe a raccapezzarsi

in mezzo a queste sigle? Mia mamma! Che, evidentemente, oltre al corso di funambolismo da circo deve aver frequentato uno speciale master in reggisenologia.

Infatti si aggira con aria iperefficiente tra gli scaffali. Si presenta dopo un po' con una manciata di modelli e con una commessa che, dopo avermi scrutato la maglietta con fare professionale (per fortuna non c'erano maschi in giro!) decreta che sono della mia misura.

Dopo un'ora in camerino, vari aggiustamenti

di spalline e gancetti, e una sfilata di modelli di ogni genere, ci avviamo verso l'uscita con un sacchettino quasi invisibile per cui la mamma ha sborsato una cifra che a me è sembrata enorme. Ma invece di essere seccata, è molto orgogliosa dei miei reggiseni e dei suoi acquisti.

Quando lo racconterò a Elisa! Già: ma come faccio a raccontarglielo?

È vero che noi ci diciamo tutto, ma in questo caso non so...

Però lei è l'unica che potrebbe capire davvero come mi sono sentita in imbarazzo nel camerino, quando nel provare un modello progettato da qualcuno dotato di una fantasia sfrenata mi sono trovata praticamente imprigionata da una **spallina ipertecnologica** che girava attorno al collo per incrociarsi sulla schiena e chiudersi attorno alla pancia... Potete non crederci, **ma è VERO!**

Saluto la mamma, che mi ha accompagnato alla fermata della 73. Non è l'autobus più comodo per andare a casa mia, dato che si ferma un po' distante, ma mi piace, perché ha il capolinea in **San Babila,** così lo posso prendere quando è vuoto e stare tranquillamente seduta fino a **viale Corsica.** Certo, il massimo è quando sono con Elisa, e ci prendiamo i due sedili uno di fianco all'altro...

Quando salgo sull'autobus, mi accoglie un sonoro: «Ciao, Clara!».

– Ciao Ellie, che cosa ci fai qui?

– La mamma mi ha portato dal dentista per la

visita di controllo, e lo studio è dietro l'ufficio di tua mamma. Poi lei ha dovuto correre a casa perché veniva l'idraulico... Che cos'hai comprato?

– T-tutto b-bene dal dentista? – balbetto.

– Come al solito.

Già. Ellie non solo è bellissima, con quello sguardo dolce dolce che scioglie tutti, insegnanti, genitori (e i maschi), ma ha anche la fortuna di avere dei denti sanissimi e drittissimi, senza averne nemmeno uno stortignaccolo... Così ignora completamente la tortura dell'apparecchio dei denti. Vabbè, ma ora che le rispondo?

Tento di distrarla.

– Beh, sai, la mamma mi ha coinvolto in una delle sue sessioni di shopping selvaggio. Sai come è fatta! Quando è nervosa, compra. E siccome è nervosa molto, molto spesso...

– So come è fatta tua mamma. Ma io ti ho chiesto che cosa hai comprato oggi. Che cos'hai nel sacchettino?

L'unica caratteristica che supera la bellezza di Ellie è la sua curiosità.

Non mi resta che arrendermi.

– Beh, sai, la mamma mi ha voluto comprare... ha insistito... insomma, ha deciso che avevo bisogno di un reggiseno.

Proprio in quel momento l'autista avvia il motore, coprendo di gran lunga il volume della mia voce, che già avevo tenuto bassissimo.

– Che cosa hai detto che ti ha voluto comprare? Posso guardare?

E prima che io possa reagire in qualunque modo, Ellie ha già aperto il sacchettino e sta districando con le dita i laccetti di un reggiseno azzurro cielo. Mi butto verso di lei per farglielo rimettere via prima che l'intero autobus se ne accorga, ma non faccio in tempo a intervenire che lei è scoppiata in una sonora, fragorosa risata.

Che cosa ci sarà poi da ridere, mi domando... Anzi, glielo domando direttamente, senza nemmeno usare un tono di voce troppo gentile.

– Beh, che cosa ci trovi di tanto divertente?

– Tu non sai... –. Quasi non riesce a parlare tanto sta ridendo. – Siamo state così prese dalla faccenda di Jessi che non ho avuto tempo di raccontarti –. Un altro attacco di riso la interrompe.

Con Ellie sono sempre molto tollerante, ma questa volta mi sta facendo veramente venire i nervi. – Di raccontarmi cosa?

Si asciuga gli occhi dai lacrimoni che le sono scesi dal gran ridere, e cerca di darsi un contegno. – Che la scorsa settimana mia mamma è arrivata a casa con un enorme sacchetto. Sai che la sua amica ha un negozio di intimo proprio sotto casa nostra? Beh, lei si era fatta dare tutta una serie di completini da provare, perché aveva deciso che era arrivato il momento di comprarmi il reggiseno! Tu dici che si sono messe d'accordo?

– Non credo – rido. – A volte le mamme agiscono come le atlete del nuoto sincronizzato. Sarà qualcosa di genetico, o qualcosa che c'è nell'aria, non so... Comunque sei stata fortunata, la tua è stata molto discreta! La mia ha praticamente appeso gli striscioni pubblicitari nel ristorante sopra il grande magazzino.

– Ma dai, a me sembra molto carino che ti abbia voluto accompagnare...

– Già, tu la difendi sempre. Però la tua non ha messo i manifesti nel quartiere...

Intanto siamo arrivate alla nostra fermata.

– Devo andare a ritirare Cì a scuola. Mi accompagni? Poi se vuoi puoi fermarti a studiare da me. La mamma ha fatto i muffin freschi.

Ora, non sono molte le cose a cui posso resistere, ma i muffin freschi sfornati dalla mamma di Ellie non sono di sicuro tra queste. Sono come dei piccoli panettoni, chiusi nella carta pieghettata, con dentro dei **grossi pezzi di cioccolato amaro.**

E poi può essere una buona occasione per chiedere a Ilaria che cosa ne pensa della faccenda di Jessi...

Due muffin (e un'ora) dopo

Due muffin (e un'ora) dopo, siamo sedute nella cucina di Ellie, mentre Ilaria pulisce e taglia la verdura buttandola in un gigantesco pentolone. Già, il famoso minestrone del mercoledì: l'incubo di Ellie quand'era piccola. Invece adesso che cerca di stare molto attenta a quello che mangia per non ingrassare, trangugia piatti e piatti di minestrone, con gran gioia di sua mamma.

Çì è in soggiorno a giocare con una sua compagna di scuola.

– Ellie ti ha raccontato dei genitori di Jessi? – chiedo alla mamma di Elisa.

– Certo.

– E tu che cosa ne pensi?

– Beh, ragazze, non lo so, non è facile... Che cosa volete che vi dica? Uno vede i film, legge i romanzi d'amore, e quando due si sposano di solito c'è la parola "fine" prima ancora che lei si sia sfilata l'abito bianco e si sia tolta il riso dai capelli. Quello che i libri e i film non dicono quasi mai è che il matrimonio non è una fine, ma un inizio. E un conto è fare gli innamorati vedendosi una volta alla settimana o anche tutte le sere belli, truccati e riposati. Si esce, si chiacchiera, si va a ballare e poi ognuno torna a casa sua. Un conto è vivere insieme giorno dopo giorno e vedersi la mattina con la faccia tutta stropicciata. Vivere insieme non è facile, non è facile per niente. Quello che nei film e nei romanzi non si dice quasi mai... è che a volte funziona, a volte no.

– Tu pensi che la mamma di Jessi sia contenta di andare via?

– Non ho detto questo. Un matrimonio che si sfascia è sempre vissuto come un fallimento. D'altra parte Anna è giovane, ha un bel lavoro, ha la possibilità di fare delle cose che le piacciono, di andare a vivere in un altro posto, dove la gente parla la sua lingua. E, in fin dei conti, può rivelarsi una bella opportunità anche

BLA
bla
bla
BLA
BLA
bla
Bla
-Bla
Bla
bla-bla
bla
BLA

per Jessica. Conoscere due mondi diversi come l'Italia e gli Stati Uniti è una ricchezza da non sottovalutare. Credo che Anna abbia pensato anche a questo.

– Ma a te ne aveva parlato?

– Non siamo così intime. Mi aveva accennato al fatto che aveva chiesto a Marco di andare negli Stati Uniti con lei, ma che lui non se l'era sentita.

– E di Jessi non ti ha detto niente? Di lei non si è preoccupata? Non ci ha pensato?

Ilaria smette di pelare le carote, appoggia il coltello, ci guarda.

– Chiariamo bene una cosa: qualunque cosa facciamo, noi non smettiamo MAI di pensare al vostro bene. Anche se in quel momento vi sembra che stiamo facendo una scelta sbagliata (e può esserlo, nessuno è infallibile) noi cerchiamo sempre la soluzione migliore per voi, quella che vi danneggia meno. Voi credete che Jessi fosse felice quando i suoi litigavano?

– No, ci ha raccontato che è stato un periodo terribile...

– Ecco, quindi non sarebbe stato un bene se fossero andati avanti così, no?

Già. Intanto alla porta della cucina si affaccia l'idraulico, di cui ci eravamo completamente dimenticate, e Ilaria deve andare a controllare la riparazione.

Io ne approfitto per riprendere la mia cartella, salutare Ellie e avviarmi verso casa. Ho ancora un po' di compiti da fare per domani e non ho con me i quaderni di matematica. Ci diamo appuntamento a domattina.

La matematica è sempre stata

La matematica è sempre stata il mio forte, quindi non ho grandi difficoltà con i problemi e le equazioni da finire per domani.

Sono salita in camera mia per cercare di evitare il chiasso dei miei fratelli e ho chiamato Tati. Ma lei è sempre troppo presa a controllare che la sorellina non svuoti tutti gli armadietti e non combini qualche pasticcio, per poter stare a chiacchierare al telefono. Proprio mentre la saluto arriva un avviso di chiamata. Quando rispondo, dall'altra parte sento la voce di Jessi.

Ha bisogno del mio aiuto per i compiti di matematica. Sarebbe bello vederla da sola, tranquilla, e la invito a casa mia. Anche lei ne doveva avere voglia, perché nemmeno cinque minuti dopo sta già suonando al citofono.

Un quarto d'ora più tardi i compiti di matematica sono tutti finiti anche sul quaderno di Jessi e finalmente ci mettiamo a chiacchierare.

Anche se mi accorgo, e la cosa mi dispiace molto, che sono un po' in imbarazzo: accidenti, non era mai successo prima!

Le racconto la storia dei reggiseni e, anche se so che non è un fatto molto importante, lei sembra divertirsi lo stesso. Anzi, sembra proprio che abbia una gran voglia di parlare di sciocchezze. Dev'essere stata dura per lei in questo periodo! In più, i suoi genitori sono figli unici, quindi non ha neanche zii e cugini con cui confidarsi... Anche se, ora che ci penso, io stessa finisco per confidarmi sempre con una specie di nonna adottiva!

Come evocata dal mio pensiero, nonna Elide suona alla porta.

Sara abbaia freneticamente nell'ingresso. I miei fratelli sono inchiodati davanti alla playstation e non si sognano nemmeno di andare ad aprire, e Lita sta caricando la lavatrice. Per cui sono io a intercettare la squisitissima torta di pere e cioccolato, che è una delle specialità della mia fantastica vicina.

driiin

Non c'è niente di meglio di una fetta di torta per favorire le confidenze... Quindi, dopo averla debitamente ringraziata (nonna Elide ci tiene davvero molto alla forma), io e Jessi ci mettiamo in cucina e, per stare tranquille, ci chiudiamo la porta alle spalle. Anche se non ce ne sarebbe bisogno, visto che i miei fratelli quando sono impegnati a giocare alla playstation non sentono e non vedono nient'altro. Almeno così sembra.

– Come stai?

Già. Non so nemmeno io da dove cominciare... Io e Jessi siamo sempre state amicissime, ma sembra quasi che la storia dei suoi genitori l'abbia fatta crescere di colpo, facendola diventare più grande di me. E non sto parlando della statura!

– Così così. I miei genitori sono più rilassati adesso che mi hanno parlato della loro decisione. Mia mamma sai come è fatta... Come al solito si butta su tutte le questioni pratiche, organizza il suo viaggio e la vita mia e di papà in sua assenza, riempie il freezer di cibi surgelati... Credo sia il suo modo di reagire.

– E tuo padre?

– Mio papà è più difficile da capire. Certe volte sembra che si preoccupi solo del suo lavoro, a volte che sia molto più preoccupato per me. Ma di solito fa finta di niente, come se fosse tutto come prima.

– E tu?

– A me viene tanta voglia di piangere e di arrabbiarmi. Lo so che sono cose che succedono, che è normale, ma non posso farci niente. E poi, non so come spiegartelo, ma mi sembra

proprio di aver bisogno di tutti e due loro, anche solo per litigarci!

– Ma tua mamma quando deve partire?

– La settimana prossima va a New York per dieci giorni, per vedere delle case che ha trovato in Internet. Già... in Internet ha anche preso tutti i dati sui *summer camp* dove vuole mandarmi quest'estate.

– Bello, no?

– Non ne sono sicura. Certo, fino a qualche settimana fa mi sarebbe piaciuto un sacco, ma dopo quello che è successo... non so. In ogni caso, mia mamma poi dovrebbe fermarsi a Milano fino a quando avrò finito gli esami. Nel frattempo ha già organizzato tutto in casa: la signora delle pulizie la mattina, la consegna di pane e latte tutti i giorni. Come se il problema fosse scendere al supermercato per comprare il pane! Mi ha persino fissato dei colloqui con una psicologa. La cosa che mi fa più impressione è che adesso mio papà e mia mamma hanno smesso del tutto di litigare e fra di loro sono sempre gentili, quasi come se fossero due estranei... In più la mamma mi ha detto che quando tornerà ci sarà una sorpresa per me.

– Una sorpresa! Di che cosa si tratta?

– Non ne ho idea. Anche se, a dirti la verità, di sorprese in questo periodo ne ho avute davvero a sufficienza!

– Però i tuoi sono carini a lasciarti decidere con chi stare...

– Lo credi? In un primo tempo lo credevo anch'io. Ma, ripensandoci, non ne sono più così convinta. In fin dei conti dovrebbero essere loro a decidere per me, e non io, in un certo senso, a decidere al posto loro. Sono loro gli adulti, non ti pare?

– Beh, vista così... mi sembra proprio che tu abbia ragione.

La porta della cucina si spalanca e quel ciclone di mia mamma entra immediatamente in azione.

– Ciao, Jessi, che piacere vederti! Vuoi rimanere a cena con noi? Ho preso dal macellaio della carne stupenda, faccio le cotolette alla milanese con i pomodorini. Clara ti ha raccontato di oggi? Siamo rimaste impigliate nella spallina girevole di un super reggiseno tecnologico: se non fosse venuta la commessa a liberarci probabilmente saremmo ancora là... Tu come stai? Ho sentito dei tuoi genitori...

– Mamma, ti prego...

– Ma pulci, che problema c'è?

– Mamma...

– Proprio ieri in centro ho mangiato un panino al bar con Anna, e mi ha detto che avete chiarito tutto, non è vero Jessi?

– Beh, in un certo senso, sì.

– Vedi? La tua amica Clara ha una pericolosa tendenza a fare di tutto una tragedia.

– Mamma, per favore...

– Ok, vado in camera a cambiarmi. Mi raccomando, Jessi, se ti fermi a cena avvisa i tuoi.

Il ciclone esce dalla cucina e io guardo Jessica con aria affranta.

– Scusami Jessi, ma, lo sai, mia mamma è fatta così!

– Non preoccuparti, la conosco. E poi, sai una cosa? Preferisco di gran lunga tua mamma, che ne parla tranquillamente, a quelli che mi guardano con la faccia triste senza dire nulla, ma con un'aria mogia di compatimento. Mi fanno venire un nervoso! Tutti gli adulti continuano a dirmi che una separazione non è niente di grave, ma allora qualcuno mi deve spiegare perché quando mi incontrano fanno tutti una faccia da funerale!

– Tuo papà che cosa dice?

– Mio papà mi sommerge di progetti: fine settimana in Sardegna, corsi di vela, settimane in un villaggio, vacanze con amici che hanno figli della nostra età. Non che mi dispiaccia, ma è talmente insistente! Certe volte sono io che devo spiegargli che mi devo impegnare a studiare per l'esame. A proposito, adesso lo chiamo per chiedergli se mi passa a prendere.

– Non ti fermi a cena con noi? A me farebbe molto piacere.

– Lo so. Scusami con tua mamma, ma non me la sento di stare a cena con voi... sono ancora un po' scombussolata. Sai, sedermi a tavola insieme a una famiglia felice non è proprio il massimo per me, in questo periodo.

Mamma, ti sembrava il modo?

– Mamma, ti sembrava il modo?

– Che cosa ho fatto stavolta?

– Come ti è venuto in mente di parlare della separazione dei genitori di Jessi con lei, come se fossi dal parrucchiere a discutere del colore dei capelli?

– Prima di tutto non ne ho affatto parlato. Le ho solo chiesto come andava. E poi, scusa un attimo, pulci...

– E non chiamarmi PULCI!

– Ok, ok, pulci.

– MAMMAAA!!

– Ops, scusa. Quanti siete nella vostra classe?

– Ventitré. Ma questo che cosa c'entra?

– Ecco, rifletti un attimo: quanti di voi hanno i genitori separati?

– Dunque... la Gatti, la Bassanetti, il Pirani.

Anche i genitori del Denti credo che siano separati, perché quello con cui vive non è suo padre... Accidenti quanti sono!

– Vedi? Per sapere quali sono devi pensarci. Certo non è una bella cosa, ma non è nemmeno una tragedia. Ti colpisce, nel caso di Jessi, perché è una tua amica e perché state attraversando un'età che è già difficile di per sé. Poi il fatto che lei debba andare in America da una parte semplifica le pratiche legali, dall'altra però la fa sembrare ancora di più una separazione.

– Ma tu vai d'accordo con papà?

– Certo...

– Certo e...

– Insomma, ce la caviamo.

– Che cosa vuol dire *ce la caviamo?*

– Vedi, tu mi hai raccontato quello che ti ha detto nonna Elide. Sai perché il suo matrimonio funziona? Perché lei e Amleto hanno un progetto comune. Qualcosa su cui lavorare insieme. Per me e papà è un po' la stessa cosa: abbiamo voi tre da crescere, e questo è un gran bel progetto, non credi?

PROGETTO FAMIGLIA

Già, ma non era mio papà l'ingegnere e lei la pubblicitaria con la testa fra le nuvole?

Intanto la partita alla playstation deve essere finita, perché Pao e Mau fanno rumorosamente irruzione in cucina.

– Ho fame. Che cosa c'è di buono da mangiare? – grida uno.

– Uhm, che profumino di cotolette! – gli fa eco l'altro.

– Il citofono! Qualcuno vada ad aprire a papà, che io ho ancora le mani tutte piene di pangrattato, e poi lavatevi le vostre, che è quasi pronto... – dice la mamma.

Schiaccio il pulsante del citofono, spalanco la porta d'ingresso e spingo i miei fratelli in bagno. Certo che se me l'avessero detto qualche settimana fa, che sarei stata felice di una serata con mamma papà e fratellini, non ci avrei proprio creduto. In fin dei conti non è poi così male far parte di un "progetto famiglia"!

Di che cosa parlavate tu e Jessi?

– Di che cosa parlavate tu e Jessi?

Accidenti, ma non erano incollati alla playstation?

Che i miei fratelli, e soprattutto Paolo che è il più piccolo, sia interessato alle mie chiacchierate con le amiche è un'assoluta novità. Ma io non ho nessuna intenzione di mettermi a discutere con loro di separazioni e divorzi, quindi cerco di far finta di niente.

– Della scuola, di vestiti, cose così...

Ma Pao non ci casca.

– Io ho sentito Jessi che diceva che la sua mamma va via...

– Sì, deve andare in America per lavoro.

– Ma ho sentito la mamma che parlava di divorzio – va alla carica Mau.

– Qualcosa del genere.

– Chi è che divorzia? –. Questo è tipico di mio padre.

Arriva a tavola quando siamo tutti già seduti, con le mani ancora bagnate e profumate di sapone, si riempie il piatto, comincia ad addentare un panino e, come se fosse un **marziano** appena arrivato da un altro pianeta, cerca di partecipare alla conversazione.

A questo punto **non ho la più pallida idea** da dove cominciare per inventarmi una risposta, ma per una volta vengo salvata dalla mamma, con mia grande sorpresa: – Lasciate in pace Clara, che ha studiato tutto il pomeriggio.

– Ecco, e poi questi sono discorsi da grandi – aggiungo.

– In questo, Clara, hai proprio torto – continua la mamma. – Non esistono discorsi da grandi. E quelli che lo sostengono è solo perché non sono capaci di spiegare le cose. Spesso perché non le hanno capite nemmeno loro.

– Già, e allora come si fa a spiegare che due vogliono separarsi?

– È molto semplice –. **Questa, poi!** Mio padre non solo vuole partecipare alla conversazione senza neanche sapere di chi si sta parlando, ma interviene anche per spiegare le cose!

Che cosa succede stasera a casa mia?

Non è che di solito non si chiacchieri, anzi, ma generalmente quando ci sono anche i miei fratelli, si parla di film, di libri, della scuola, ma mai di faccende impegnative come questa...

Costruire una famiglia

– Costruire una famiglia – continua mio padre – non è molto diverso da quando si costruisce un condominio. Bisogna mettere delle fondamenta, scegliere dei buoni materiali, e poi lavorare duramente. Ma soprattutto, quando il lavoro grosso è finito, bisogna stare sempre attenti alla manutenzione. Tutti i giorni. Stare attenti alle piccole magagne. Ridipingere, scrostare, controllare gli impianti elettrici, idraulici...

– Tesoro, stai dimenticando le tegole del tetto! –. La mamma ha l'aria assolutamente divertita. Ma non divertita e anche, come mi sarei aspettata, un po' arrabbiata. Divertita e anche un po' commossa! Come se mio papà avesse detto, in fin dei conti, una cosa carina.

A me sembrava più che altro un trattato di edilizia...

– Comunque nella sostanza ha ragione papà: per tenere in piedi un matrimonio serve un sacco di lavoro e di buona volontà, e spesso non basta neanche quella – conclude la mamma.

Poi si mette a distribuire le cotolette tutta concentrata. Anche Pao e Mau si distraggono per un momento. Ma per poco.

– E quando non basta, che cosa succede? – torna all'attacco Pao.

– Quando non basta e si è proprio sicuri sicuri che non c'è nessuna possibilità di farla funzionare, la cosa migliore è riconoscerlo e trovare una soluzione civile, come hanno fatto Anna e Marco.

– Che cosa vuol dire "soluzione civile"? – chiede Mau.

– Vuol dire smettere di litigare come dei bambini e prendere le decisioni migliori per i propri figli e per il proprio futuro.

– Già, ma in che ordine? Prima ci si preoccupa del proprio futuro o prima di quello dei figli? Oppure ci si preoccupa solo di se stessi? –. Perché a questo punto sono interessata anch'io al punto di vista della mamma.

– Quando si divorzia si smette di essere marito e moglie, almeno dal punto di vista legale, ma non si smette mai, e dico mai, di essere genitori.

– Che buffo! Sai che è quasi la stessa cosa che ha detto Ilaria?

– Certo, perché è vera.

– Quindi non è che un papà e una mamma si possono dimenticare di avere dei figli?

– Mau, ma come ti vengono in mente certe cose?

– La mamma ha ragione: quello dei genitori è il mestiere più bello del mondo, tanto difficile da essere quasi impossibile – interviene ancora papà.

– Più difficile di costruire una casa?

– Molto, molto più difficile. Ma anche molto, molto più divertente. E faticoso.

Accidenti, che discorso!

Per fortuna la mamma ci riporta con i piedi per terra: – E adesso che avete finito le cotolette, voi, Mau e Pao, prendete un frutto per uno e andate pure a vedere i cartoni. Tu Clara, invece, mi aiuti a sparecchiare la tavola?

– Scusa, perché sempre io? Non dovevamo fare i turni con Pao e Mau? Questo è maschilismo bello e buono...

Non faccio in tempo a iniziare la mia protesta femminista che vengo salvata dallo squillo del telefono.

– Vai, vai tanto è per te, sarà Elisa. Caro, mi dai una mano tu?

Ma papà è già sprofondato in poltrona davanti al telegiornale.

Sgattaiolo sulla scala di corsa, il prezioso cordless in mano, e faccio appena in tempo a sentire la mamma che dalla cucina dice: – Beh, dove siete finiti tutti?

1. Castello Sforzesco - 2. Ufficio della mamma di Jessi - 3. Teatro alla Scala - 4. Giardini Pubblici - 5. Stazione Centrale - 6. Parrucchiere di Ellie - 7. Spaccio di scarpe - 8. Parco dove Clara porta a spasso la sua cagnolina - 9. Sant'Ambrogio - 10. Mitico negozio di panzerotti - 11. Duomo - 12. Ufficio della mamma di Clara - 13. Negozio dove Ellie compra le ballerine colorate - 14. Associazione

ecologista che frequenta Tati - 15. Pizzeria - 16. Casa di Jessi - 17. Casa di Clara - 18. Casa di Ellie - 19. Casa di Tati - 20. Scuola delle superamiche - 21. Negozietto di collanine - 22. Libreria superfornita 23. Negozio di cd - 24. Tram che porta in centro - 25. La gelateria migliore di Milano - 26. Aeroporto di Linate - 27. Piscina - 28. Negozio di vestiti anni '60 - 29. Campo da tennis dove si allena Jessi

S.O.S. divorzio

Che cosa succede in Italia quando una mamma e un papà si separano

Quello che succede alla mamma di Jessica, in Italia non potrebbe assolutamente succedere. Non perché qui i genitori non possono separarsi, ma perché la legge italiana è, ovviamente, molto diversa da quella che regola le separazioni nello stato di New York. Il caso della mamma di Jessi, poi, è quello del matrimonio di un cittadino americano con un cittadino di un altro paese, ed è quindi molto particolare.

Ma volete sapere cosa succede in Italia quando papà e mamma si separano?

Ecco, domanda e risposta, le dieci cose più importanti da sapere.

1 In Italia esiste il divorzio?

Se cercate la parola “divorzio” nel codice civile non la trovate: ma questo non significa che non ci si possa separare. In Italia esiste infatti lo scioglimento del matrimonio, ma solo del legame riconosciuto dallo stato. Il matrimonio religioso non può essere sciolto, ma solo dichiarato nullo da uno speciale tribunale ecclesiastico, la Sacra Rota.

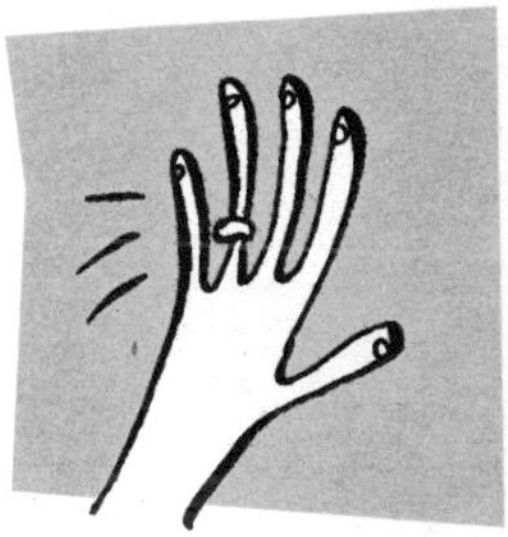

2 Come si arriva a sciogliere un matrimonio?

Per ottenere lo scioglimento del matrimonio civile i coniugi, o uno solo dei due, devono chiedere la separazione. Lo scioglimento può essere ottenuto dopo che sono passati almeno tre anni dalla richiesta di separazione davanti al giudice.

3 Ci si può separare solo se si è tutti e due d'accordo o anche se lo vuole uno solo?

Ci sono due tipi di separazione: consensuale o giudiziaria. Consensuale significa che marito e moglie, d'accordo fra loro, chiedono che il matrimonio civile venga annullato. Giudiziaria è quando i coniugi non sono d'accordo nel separarsi.

4 Che cosa succede dei figli quando i genitori si separano?

La legge in Italia protegge i figli e controlla che le soluzioni proposte dai genitori, sia in caso di separazione consensuale che giudiziaria, siano le migliori nel loro interesse.

Il giudice dichiara a quale dei coniugi sono affidati i figli e prende ogni altra decisione nell'interesse morale e materiale dei bambini. Questo significa che si preoccupa sia del loro mantenimento che della loro educazione.

5 Se mamma e papà si separano e i figli vengono affidati a uno dei due genitori, significa che non potranno più vedere l'altro?

Questo non succede mai: il diritto di visita è un diritto, appunto, ma anche un dovere del genitore separato.

6 I genitori come si dividono le spese per i figli?

Il giudice stabilisce il modo in cui i due genitori devono contribuire al mantenimento, all'istruzione, all'educazione; decide anche a chi va, dopo la separazione, la responsabilità dei figli.

7 Chi prende le decisioni riguardo ai figli, sulla scuola o sulle vacanze?

Le decisioni di maggiore interesse nei riguardi dei figli devono essere prese da entrambi i genitori, anche se separati.

8 I genitori possono decidere da soli senza nessun controllo?

Se a suo giudizio sono dannose per i figli, il giudi-

ce può intervenire nelle decisioni prese dai genitori separati, anche se sono d'accordo fra di loro.

9 In caso di separazione, i figli possono dire se vogliono stare con un genitore o con l'altro?

Il giudice può decidere se interpellare i figli, se hanno più di 14 anni, rispetto alla decisione di affidarli a un genitore o all'altro.

10 I figli vengono sempre affidati a uno dei due genitori?

Il giudice tiene conto di quello che dicono i genitori, ma vigila sempre sull'interesse e il benessere dei figli; sono in aumento gli affidamenti congiunti, in cui i figli sono affidati a tutti e due i genitori; in casi molto, ma veramente molto gravi, il giudice può anche decidere di affidarli a una persona che non sia il padre o la madre.

Un ringraziamento per la consulenza legale: Avvocati Alessandra Carozzo (Torino), Carla Iannuzzi e Patrizia Tornambè (Milano).

Indice

Chi è Elena Mora?

Elena a quattro anni

Potete non crederci, ma quando sono nata io la televisione... non c'era! Nelle case non c'era il telefono, e nemmeno la lavatrice. I cellulari non esistevano nemmeno nei racconti di fantascienza. I computer li aveva, forse, la Nasa per spedire i razzi nello spazio. In compenso c'erano tante cose meravigliose: una delle mie nonne aveva una fattoria, e le sere d'estate, quando stavo da lei, prendevo delle lucciole che mettevo in un bicchiere capovolto sul mio comodino. Mi addormentavo con il loro luccicare d'argento. C'era un cane, uguale uguale a Lassie, le mucche, il cavallo, le caprette. C'erano i prati per correre, i fossi per bagnare i piedi, i gelsi con le more. A scuola noi ragazzine seguivamo lezioni di "economia domestica": come si cucina, come si fa un orlo, come si attacca un bottone... Io ero la prima nipote di una grande, grandissima (nel senso di numerosa) famiglia: quindi non solo ero coccolatissima da tutti, e come potete vedere dalla foto mi davo delle arie da piccola diva, ma ero anche un po' il capobanda di un folto gruppo di cuginetti. Per un periodo, mio papà ha lavorato in una biblioteca: quando mi ha portato con sé, a leggere, nel silenzio solenne di un antico palazzo, ho scoperto i libri. Un mondo ancora più fantastico di quello reale, dove potevo viaggiare nel tempo e nello spazio. Un mondo che non ho più potuto né voluto lasciare: anche oggi leggo almeno tre libri per volta, facendo una gran confusione, ma divertendomi moltissimo. Per lavoro mi devo occupare di televisione - sono giornalista in un importante settimanale di tivù - ma tra un programma e un buon libro non ho alcuna esitazione. E consiglio vivamente a tutti, grandi e piccoli, di fare lo stesso. Le parole scritte, i caratteri di piombo, sono quasi più magici della luce d'argento delle lucciole.

Elena Mora

Elena Mora

Chi è Sara Not?

Sara Not ha ben trent'anni però disegna ancora come una bambina (e solo quando ne ha voglia). Va e viene tra Milano e Trieste e non si sa mai dov'è. Il fatto è che si fa trasportare dalla bora, vento capriccioso e freddino del nord est, anche se fa credere a tutti di viaggiare in treno. Da due anni vive con Sissi, amica fedele, chiamata anche Mocio Vileda o Patata, una cagnolina pelosa dallo sguardo dolcissimo (se si riesce a scovarne gli occhi sotto il ciuffo). Insieme inventano, disegnano, colorano, ma è Sissi che fa il grosso del lavoro... E c'è qualcuno che dice che si vede! Ma sono malelingue.

Sara a quattro anni, con la sorellina Elisa

Quando il loro mirabolante computer Mac Pino va in tilt, inforcano la vecchia bicicletta verde e sfrecciano verso il parco.

Da secoli Sissi tenta di insegnare a Sara ad andare

senza mani, ma è un caso senza speranza. Durante queste spericolate evoluzioni ciclistiche, la coraggiosa cagnolina, affacciata al manubrio dal suo cestino, lancia appelli disperati ai passanti. Bambini, se le vedete, non esitate a intervenire!

Sara Not

Tornate nella loro mansarda, leggono un bel libro, mettono su un cd, cucinano una buona cenetta e sono pronte a uscire con gli amici. Quando si annoiano, aspettano la bora che le porta al mare.

SUPERamiche del ♥

1. Che guaio la dieta!

Dopo le vacanze Agnese sembra un'altra: ha una forma invidiabile... ma starà davvero bene?

2. Vigilia di festa

Orrore! Mancano meno di 48 ore alla festa di Halloween e non abbiamo niente da metterci...

3. Settimana bianca e blu

È festa: Ellie scia tutto il giorno, Jessi si abbrustolisce ai Caraibi e io e Tati... ci annoiamo e basta!

4. Che fare da grande?

Maria Antonietta, la nuova compagna di classe, è insopportabile. Eppure alle altre piace così tanto...

5. Aiuto! Papà e mamma si separano

Ellie,Tati e io dobbiamo vedercela con un problema serio: i genitori di Jessi hanno deciso di separarsi...

6. S.O.S. Arrivano gli esami!

L'esame si avvicina e, tra un pomeriggio in biblioteca e una ricerca in Internet, ci divertiamo un sacco...

Questo libro non è vendibile se sprovvisto del presente tagliando

PROVA D'ACQUISTO
IL BATTELLO A VAPORE
SUPERAMICHE
DEL CUORE
N° 5